Piano · Klavier

Hans-Günter Heumann

Eine kleine Nachtmusik

60 Meisterwerke der klassischen Musik
in leichten Bearbeitungen für Klavier
60 classical masterpieces
in easy Piano arrangements
60 chefs-d'œuvre de la musique classique
dans des arrangements faciles pour Piano

leicht / easy

ED 20764
ISMN 979-0-001-17042-0

www.schott-music.com

Mainz · London · Berlin · Madrid · New York · Paris · Prague · Tokyo · Toronto
© 2010 SCHOTT MUSIC GmbH & Co. KG, Mainz · Printed in Germany

Inhalt / Contents / Contenu

Prélude

Marc-Antoine Charpentier
(ca. 1636-1704)
Arr.: Hans-Günter Heumann

aus / from / de: Te Deum H 146

© 2010 Schott Music GmbH & Co. KG, Mainz

53 622

Kanon
Canon

Johann Pachelbel
(1653-1706)
Arr.: Jürgen Krekel

53 622

Der Frühling

The Spring / Le Printemps

1. Satz / 1st movement / 1er mouvement
op. 8/1

Antonio Vivaldi
(1678-1741)
Arr.: Hans-Günter Heumann

aus / from / de: Die vier Jahreszeiten / The Four Seasons / Les Quatre Saisons

Der Sommer

The Summer / L'Été

3. Satz / 3rd movement / 3e mouvement
op. 8/2

Antonio Vivaldi
(1678-1741)
Arr.: Hans-Günter Heumann

aus / from / de: Die vier Jahreszeiten / The Four Seasons / Les Quatre Saisons

53 622

Der Herbst
The Autumn / L'Automne
3. Satz / 3rd movement / 3e mouvement
op. 8/3

Antonio Vivaldi
(1678-1741)
Arr.: Hans-Günter Heumann

aus / from / de: Die vier Jahreszeiten / The Four Seasons / Les Quatre Saisons

Der Winter
The Winter / L'Hiver
2. Satz / 2nd movement / 2e mouvement
op. 8/4

Antonio Vivaldi
(1678-1741)
Arr.: Hans-Günter Heumann

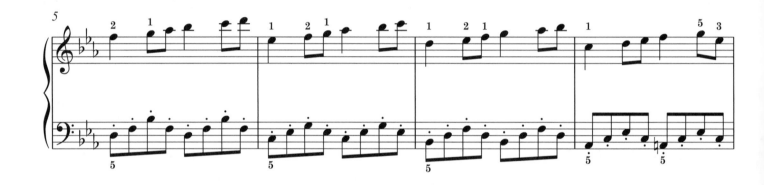

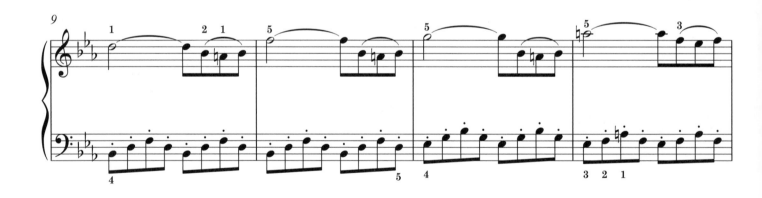

aus / from / de: Die vier Jahreszeiten / The Four Seasons / Les Quatre Saisons

53 622

Badinerie

aus der Orchester-Suite Nr. 2 h-Moll / from the Orchestral Suite N° 2 in B minor /
extrait de la Suite d'Orchestre N° 2 en Si mineur
BWV 1067

Johann Sebastian Bach
(1685-1750)
Arr.: Hans-Günter Heumann

53 622

Air

aus der Orchester-Suite Nr. 3 D-Dur / from the Orchestral Suite N° 3 in D major /
extrait de la Suite d'Orchestre N° 3 en Ré majeur
BWV 1068

Johann Sebastian Bach
(1685-1750)
Arr.: Hans-Günter Heumann

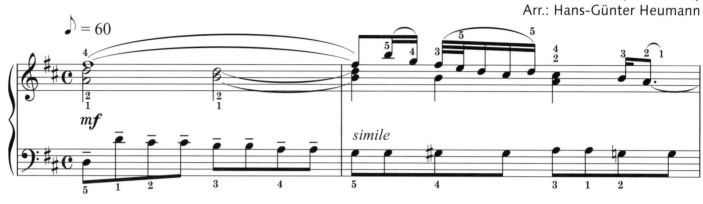

Zion hört die Wächter singen

aus der Kantate Nr. 140 „Wachet auf, ruft uns die Stimme"
from the Cantata N° 140 "Sleepers wake, loud sounds the warning"
extrait de la Cantate N° 140 « Lève-toi, prête l'oreille »

Johann Sebastian Bach
(1685-1750)
Arr.: Helmut Alsdorf

53 622

Jesus bleibet meine Freude

aus der Kantate Nr. 147 „Herz und Mund und Tat und Leben"
Jesu, thou art still my joy from the Cantata N° 147 "My heart, my lips, my deeds, my life"
« Jésus, que ma joie demeure » extrait de la Cantate N° 147
« Que le coeur, la bouche, les actes et la vie »

Johann Sebastian Bach
(1685-1750)
Arr.: Hans-Günter Heumann

aus   dem   Her - zen   und   Ge - sicht.

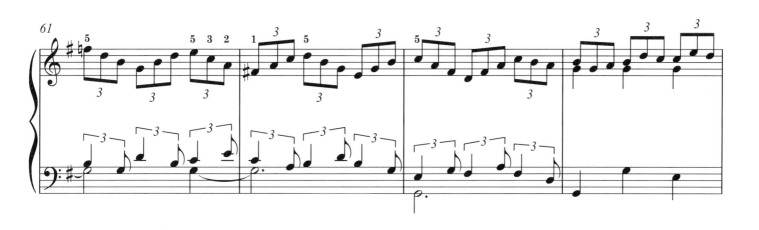

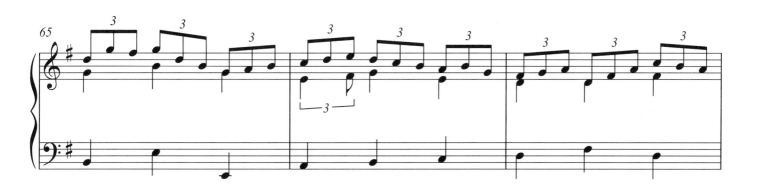

Sinfonia

aus der Kantate Nr. 156 „Ich steh mit einem Fuß im Grabe"
from the Cantata N° 156 "I stand with one foot in the grave"
extrait de la Cantate N° 156 « Je me tiens avec un pied dans la tombe »

Johann Sebastian Bach
(1685-1750)
Arr.: Hans-Günter Heumann

53 622

Toccata und Fuge

Toccata and Fugue / Toccata et Fugue
d-Moll / D minor / Ré mineur
BWV 565

Johann Sebastian Bach
(1685–1750)
Arr.: Hans-Günter Heumann

(Allegro)

Fuge

Allegro

Ombra mai fù

aus der Oper / from the Opera / extrait de l'Opéra „Xerxes"
HWV 40

Georg Friedrich Händel
(1685-1759)
Arr.: Hans-Günter Heumann

Larghetto ♩ = 63

Halleluja

aus dem Oratorium „Messias" / Hallelujah from the Oratorio "Messiah" /
Alléluia extrait de l'Oratorio « Messiah »

Georg Friedrich Händel
(1685-1759)
Arr.: Hans-Günter Heumann

53 622

Herrn,_____ der Wel - ten

Gott,_____ Herr der

Herrn,_____ der Wel - ten

Gott,_____ Herr der

Herrn, der Wel - ten Gott, Herr der Herrn, der Wel - ten Gott, und

er re - giert auf im - mer und e - wig, Herr der

Herrn, der Wel - ten Gott, Hal-le-lu - ja, Hal-le - lu - ja, Hal-le-lu - ja, Hal-le-

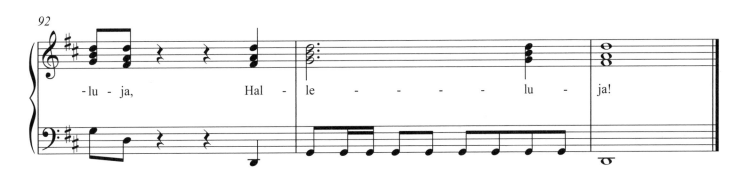

-lu - ja, Hal - le - - - - lu - ja!

Air

aus der Suite Nr. 1 F-Dur, 6. Satz / from the Suite N° 1 F major, 6th movement /
extrait de la Suite N° 1 Fa majeur, 6e mouvement
HWV 348

Georg Friedrich Händel
(1685-1759)
Arr.: Hans-Günter Heumann

53 622

Lascia ch'io pianga

aus der Oper / from the Opera / extrait de l'Opéra „Rinaldo"

Georg Friedrich Händel
(1685-1759)
Arr.: Hans-Günter Heumann

53 622

Serenade

aus dem Streichquartett F-Dur, 2. Satz / from the String Quartet F major, 2nd movement /
extrait du quatour à cordes Fa majeur, 2e mouvement, Op. 3/5
Hob. III:17

Joseph Haydn
(1732-1809)
Arr.: Hans-Günter Heumann

Andante cantabile ♩ = 84

Sinfonie „Mit dem Paukenschlag"

Symphony "Surprise" / Symphonie « La Surprise »
G-Dur, 2. Satz / G major, 2nd movement / Sol majeur, 2e mouvement
Hob. I:94

Joseph Haydn
(1732-1809)
Arr.: Hans-Günter Heumann

Gott erhalte

„Kaiserhymne" / "Imperial anthem" / « Hymne à l'empereur »
aus dem Streichquartett C-Dur / from the String Quartet in C major /
extrait de quatuor à cordes Ut majeur
Hob. III:77

Joseph Haydn
(1732-1809)
Arr.: Joseph Haydn

Menuett
Minuet / Menuet
aus dem Streichquintett / from the String Quintet / extrait du Quintette
Op. 13/5

Luigi Boccherini
(1743-1805)
Arr.: Hans-Günter Heumann

Fine

Trio

D.C. al Fine

Eine kleine Nachtmusik

A Little Night Music / Petite Musique de Nuit
Serenade G-Dur, 1. Satz / Serenade G major, 1st movement /
Sérénade Sol majeur, 1er mouvement KV 525

Wolfgang Amadeus Mozart
(1756-1791)
Arr.: Hans-Günter Heumann

Allegro ♩ = 112

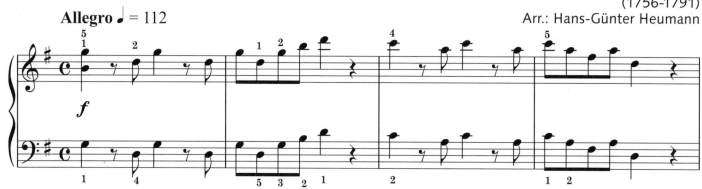

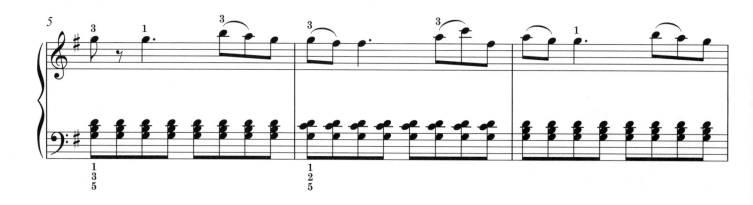

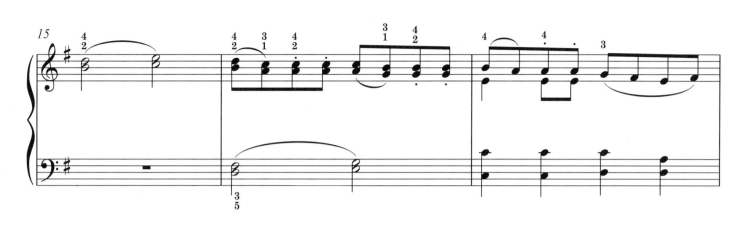

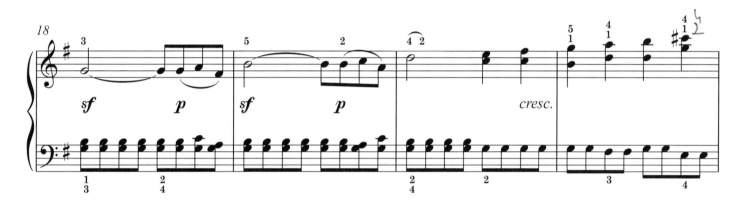

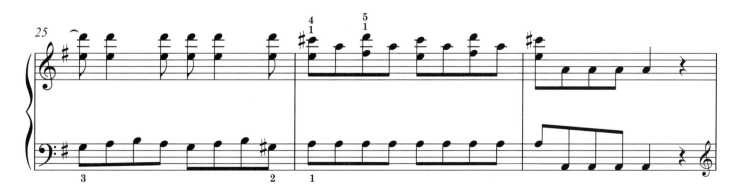

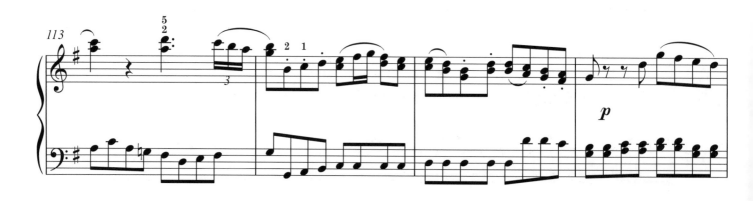

Klavierkonzert Nr. 21

Concerto for Piano and Orchestra N° 21 / Concerto pour Piano N° 21
C-Dur, 2. Satz / C major, 2nd movement / Ut majeur, 2e mouvement
KV 467

Wolfgang Amadeus Mozart
(1756-1791)
Arr.: Hans-Günter Heumann

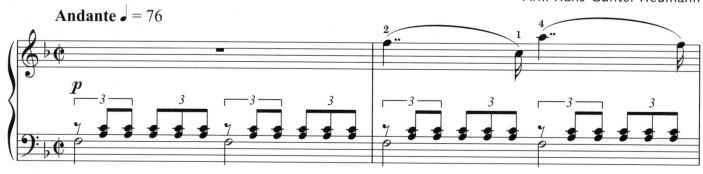

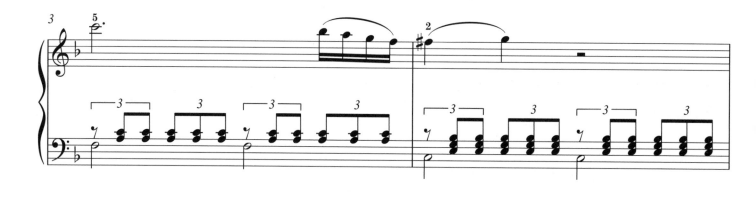

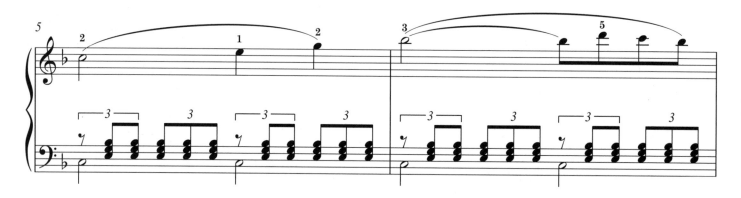

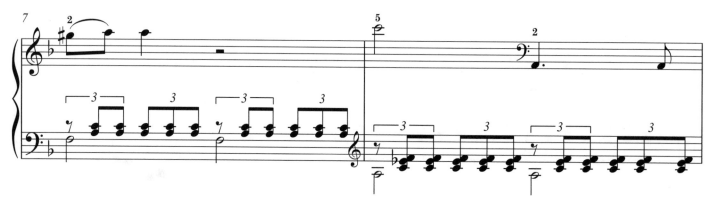

Klarinettenkonzert

Concerto for Clarinet and Orchestra / Concerto pour Clarinette
A-Dur, 2. Satz / A major, 2nd movement / La majeur, 2e mouvement
KV 622

Wolfgang Amadeus Mozart
(1756-1791)
Arr.: Hans-Günter Heumann

Adagio ♩ = 44

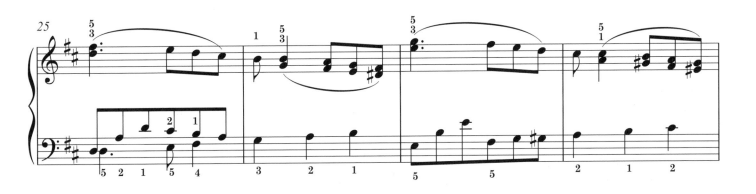

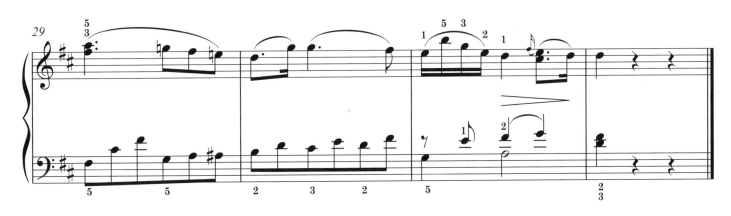

Ave verum corpus
KV 618

Wolfgang Amadeus Mozart
(1756-1791)
Arr.: R. Bender

53 622

Lacrimosa

aus / from / de: Requiem
KV 626

Wolfgang Amadeus Mozart
(1756-1791)
Arr.: Hans-Günter Heumann

Sinfonie Nr. 5

Symphony N° 5 / Symphonie N° 5
c-Moll, 1. Satz / C minor, 1st movement / Ut majeur, 1er mouvement
Op. 67

Ludwig van Beethoven
(1770-1827)
Arr.: Hans-Günter Heumann

Violinkonzert

Concerto for Violin and Orchestra / Concerto pour Violon
D-Dur, 1. Satz / D major, 1st movement / Ré majeur, 1er mouvement
Op. 61

Ludwig van Beethoven
(1770-1827)
Arr.: Hans-Günter Heumann

Allegro ma non troppo ♩ = 96

Klavierkonzert Nr. 5

Concerto for Piano and Orchestra N° 5 / Concerto pour Piano N° 5
Es-Dur, 2. Satz / Eb major, 2nd movement / Mib majeur, 2e mouvement
Op. 73

Ludwig van Beethoven
(1770-1827)
Arr.: Hans-Günter Heumann

Sinfonie Nr. 9

Symphony N° 9 / Symphonie N° 9
d-Moll / D minor / Ré mineur
Freude schöner Götterfunken / Song of Joy / Hymne à la Joie
Op. 125

Ludwig van Beethoven
(1770-1827)
Arr.: Hans-Günter Heumann

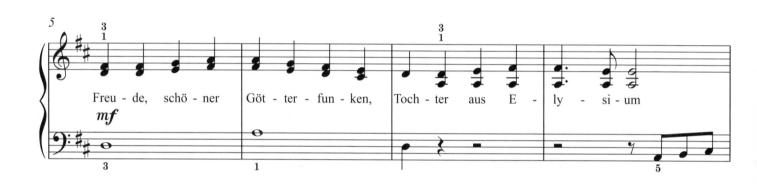

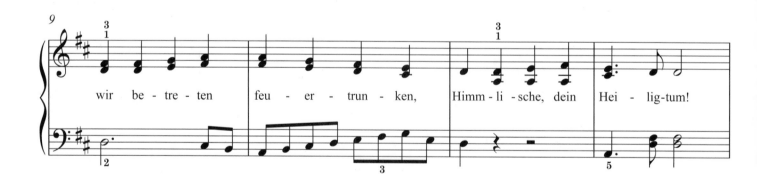

53 622

-le Men - schen wer - den Brü - der,__ wo dein sanf - ter Flü - gel weilt.

Dei - ne Zau - ber bin - den__ wie - der, was die__ Mo - de streng ge - teilt. Al -

-le Men - schen wer - den Brü - der,__ wo dein sanf - ter Flü - gel weilt.

Ständchen

Serenade / Sérénade
D 957/4

Franz Schubert
(1797-1828)
Arr.: Hans-Günter Heumann

Moderato ♩ = 76

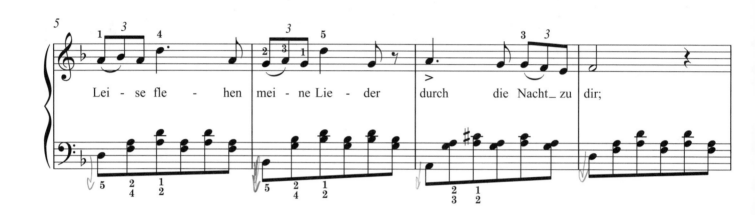

Lei - se fle - hen mei - ne Lie - der durch die Nacht_ zu dir;

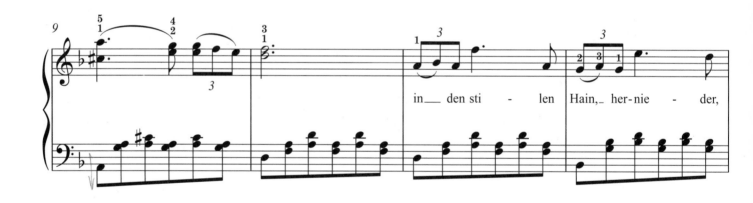

in_ den sti - len Hain,_ her-nie - der,

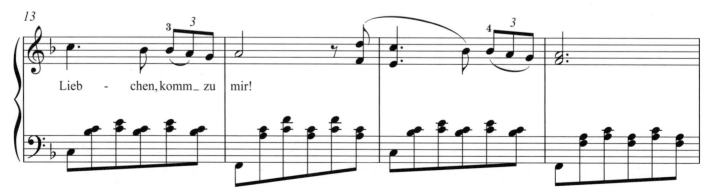

Lieb - chen, komm_ zu mir!

aus / from / de: Schwanengesang / Swan Song / Le Chant du Cygne

53 622

Hörst_ die Nach - ti - gal - len schla - gen? Ach! sie fle - hen dich,

mit_ der Tö - ne sü - ßen Kla - gen fle - hen sie_ für mich.

Sie ver - stehn des Bu - sens Seh - nen, ken - nen Lie - bes-

cresc.   *pp*

schmerz,   ken - nen Lie - bes- schmerz,   rüh - ren mit den Sil - ber - tö - nen

je - des wei - che Herz,   je - des wei - che Herz.

f

Lass auch dir die Brust be - we - gen, Lieb - chen, hö - re mich!

cresc.

Be - bend harr ich dir ent - ge - gen!

f

f

Komm, be-glü - cke mich, komm, be-glü - cke mich,

p

f

be - glü - cke mich!

decresc.

pp

dim.

Ave Maria
Op. 52/6, D 839

Franz Schubert
(1797-1828)
Arr.: G. Nauwelaers

53 622

-hen. Wir schla-fen si-cher bis zum Mor-gen, ob

Men-schen noch_ so grau-sam sind. O Jung-frau, sieh der Jung-frau

Sor-gen, o Mut-ter, hör_ ein bit-tend Kind:

fp

pp

A - - ve Ma-ri - - - a!

dim.

Sinfonie Nr. 7 „Unvollendete"

Symphony N° 7 "Unfinished" / Symphonie N° 7 « Inachevée »
h-Moll / B minor / Si mineur
D 759

Franz Schubert
(1797-1828)
Arr.: Hans-Günter Heumann

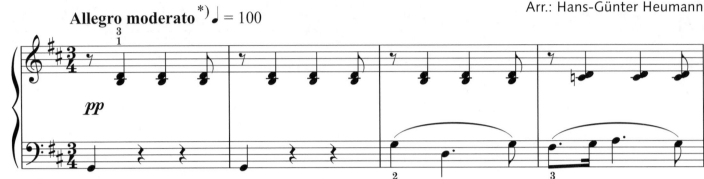

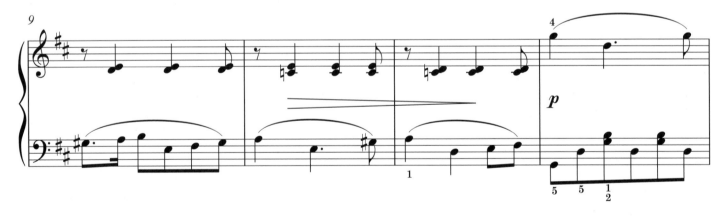

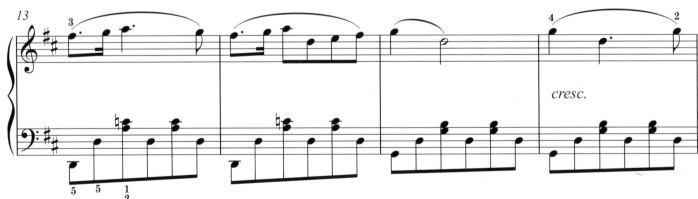

*) 1. Satz, 2. Thema / 1st movement, 2nd theme / 1re mouvement, 2e thème

53 622

Hochzeitsmarsch
Wedding March / Marche Nuptiale
Op. 61/9

Felix Mendelsohn Bartholdy
(1809-1847)
Arr.: Hans-Günter Heumann

Allegro vivace ♩ = 144

aus / from / de: Ein Sommernachtstraum / A Midsummer Night's Dream / Songe d'une Nuit d'Été

53 622

53 622

Klavierkonzert a-Moll

Concerto for Piano and Orchestra A minor / Concerto pour Piano La mineur
1. Satz / 1st movement / 1er mouvement
Op. 54

Robert Schumann
(1810-1856)
Arr.: Hans-Günter Heumann

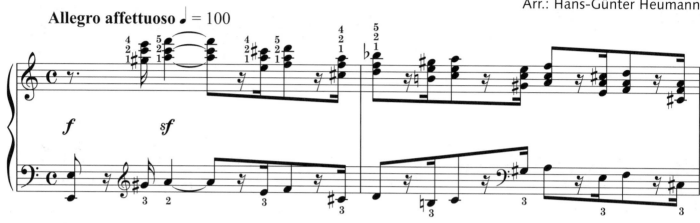

Ave Maria

Meditation über das 1. Präludium aus dem „Wohltemperierten Klavier" von J. S. Bach
Meditation on Prelude N° 1 from the "Well Tempered Piano" by J. S. Bach
Méditation sur le premier Prélude extrait du « Clavier bien tempéré » de J. S. Bach

Charles Gounod
(1818-1893)
Arr.: Hans-Günter Heumann

53 622

ple - - - na, Do - - - mi - nus___

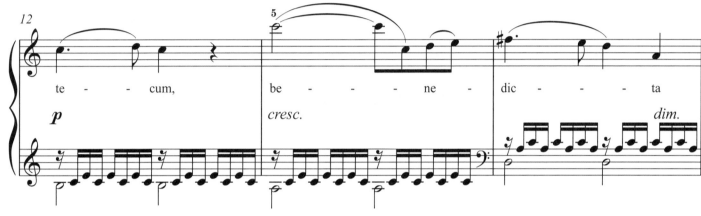

te - - cum, be - - ne - dic - - ta

tu in mu - - li - e - ri-bus

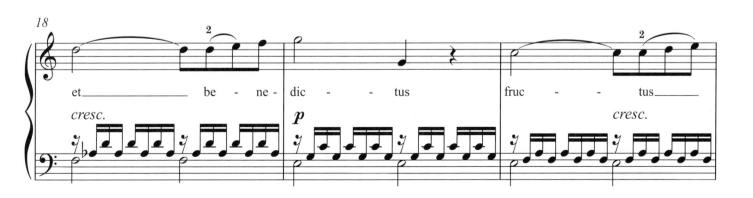

et___ be - ne - dic - - tus fruc - - tus___

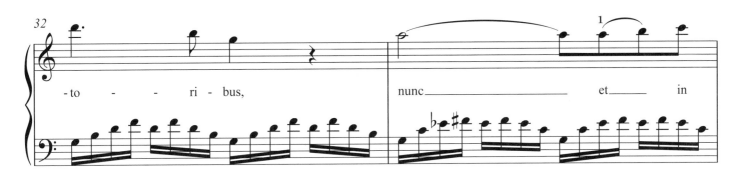

-to - - ri - bus, nunc_____ et____ in

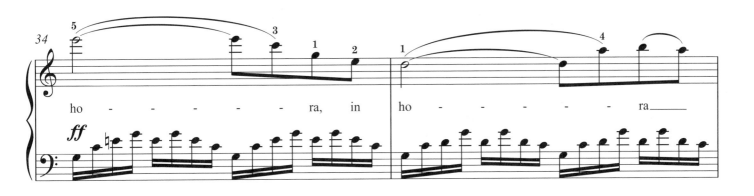

ho - - - - ra, in ho - - - - ra_____

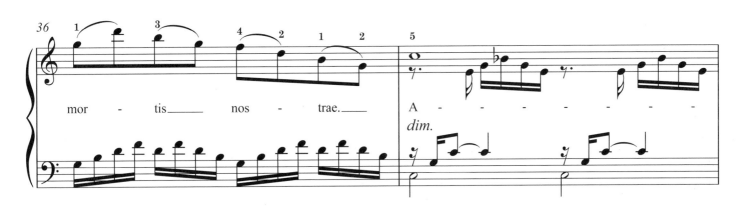

mor - tis____ nos - trae.____ A - - - - - - -

men! A - - - - men!

Cancan

Jacques Offenbach
(1819-1880)
Arr.: Hans-Günter Heumann

aus / from / de: Orpheus in der Unterwelt / Orpheus in the Underworld / Orphée aux Enfers

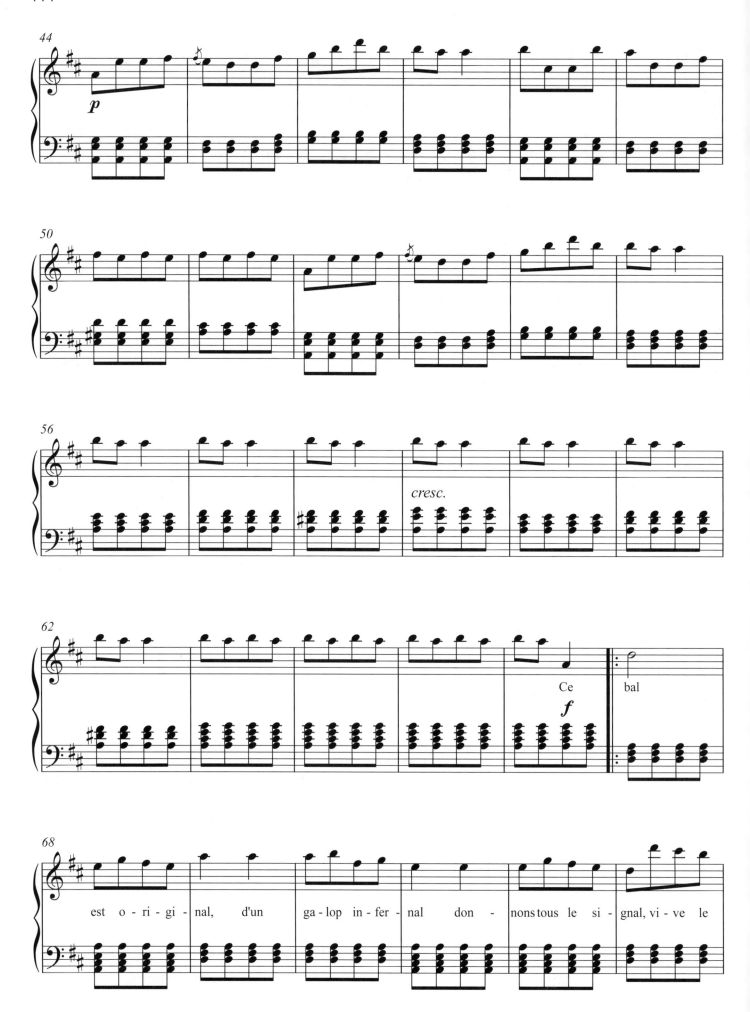

ga - lop in - fer - nal! Don-nons le si - gnal d'un ga - lop in - fer - nal! A -

mis, vi - ve le bal, vi - ve le bal, le bal, a - mis, vi - ve, vi -

-ve le bal, a - mis, vi - ve, vi - ve le bal, vi -

-ve le bal, vi - ve le bal!

Barcarole

Barcarolle
Belle Nuit, ô Nuit d'Amour

Jacques Offenbach
(1819-1880)
Arr.: Hans-Günter Heumann

Bel - le nuit, ô nuit__ d'a-mour, sou-

-ris__ à nos i - vres - ses! Nuit plus dou - ce que__ le jour, ô

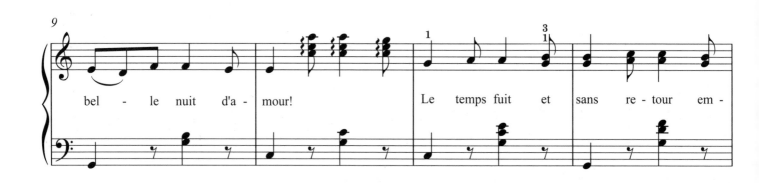

bel - le nuit d'a - mour! Le temps fuit et sans re - tour em-

-por - te nos ten - dres - ses. Loin de cet heu - reux sé - jour, le

aus / from / de: Hoffmann's Erzählungen / Tales Of Hoffmann / Les Contes d'Hoffmann

53 622

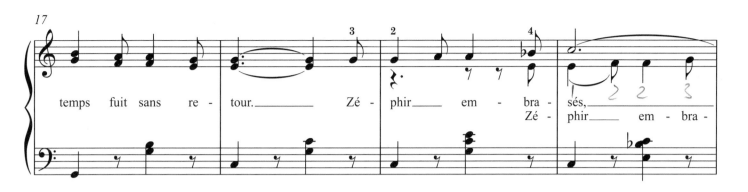

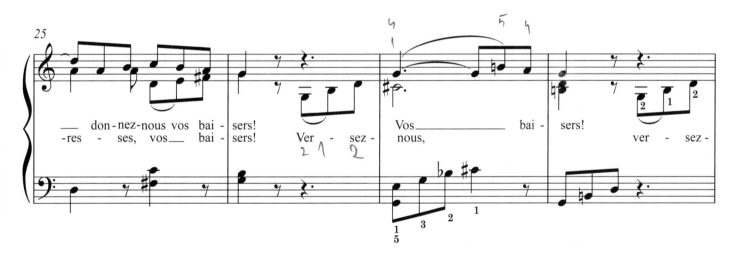

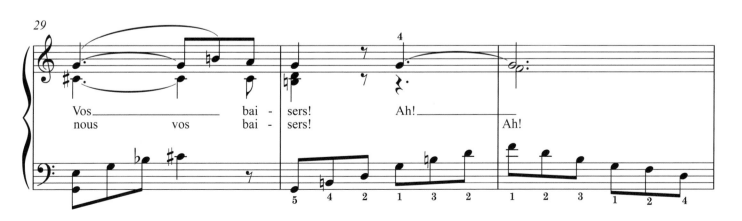

Bel - le nuit, ô nuit d'a-mour, sou - ris à nos i -vres - ses!

Nuit plus dou - ce que le jour, ô bel - le nuit d'a - mour!

O bel - le nuit d'a - mour! Ah! Sou - ris à nos i - vres -
Ah!

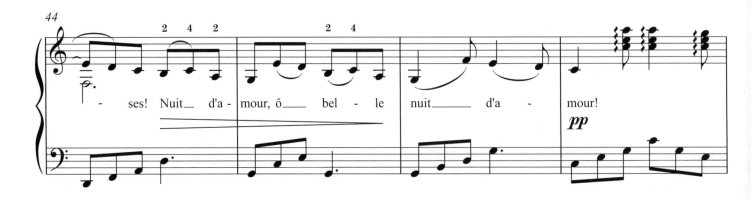

- ses! Nuit d'a - mour, ô bel - le nuit d'a - mour!

Die Moldau

The Moldau / La Moldau

Bedřich Smetana
(1824-1884)
Arr.: Hans-Günter Heumann

Allegro commodo non agitato ♩. = 60

aus / from / de: Mein Vaterland / My Fatherland / Ma Patrie

53 622

An der schönen blauen Donau

The Beautiful Blue Danube / Le Beau Danube Bleu

Johann Strauß, Sohn
(1825-1899)
Arr.: Hans-Günter Heumann

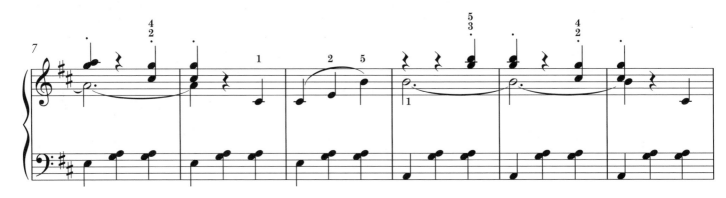

aus / from / de: Op. 314

53 622

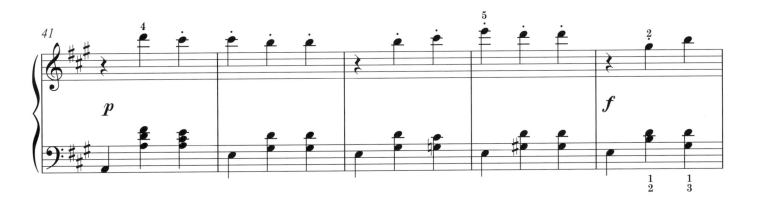

Tritsch-Tratsch-Polka
Op. 214

Johann Strauß, Sohn
(1825-1899)
Arr.: Hans-Günter Heumann

53 622

D.S. al Coda

Coda

Rosen aus dem Süden

Southern Roses / Roses du Midi

Johann Strauß, Sohn
(1825-1899)
Arr.: Hans-Günter Heumann

aus / from / de: Das Spitzentuch der Königin / Queen's Lace Handkerchief / Les Dentelles de la Reine Op. 388

53 622

Polowetzer Tanz Nr. 1

Polovtsian Dance No 1 / Danse Polovtsienne No 1

Alexander Borodin
(1833-1887)
Arr.: Hans-Günter Heumann

aus / from / de: Fürst Igor / Prince Igor / Le Prince Igor

53 622

Ungarischer Tanz Nr. 5

Hungarian Dance № 5 / Danse Hongroise № 5

Johannes Brahms
(1833-1897)
Arr.: Hans-Günter Heumann

53 622

Wiegenlied

Lullaby / Berceuse
Op. 49/4

Johannes Brahms
(1833-1897)
Arr.: Hans-Günter Heumann

1. Gu - ten A - bend, gut' Nacht, mit

Ro - sen be - dacht, mit Näg - lein be - steckt, schlüpf

un - ter die Deck': Mor-gen früh, wenn Gott will, wirst du wie - der ge -

weckt, mor-gen früh, wenn Gott will, wirst du wie - der ge - weckt.

53 622

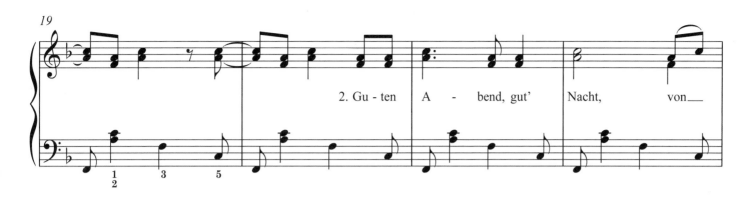

2. Gu - ten A - bend, gut' Nacht, von Eng - lein be -

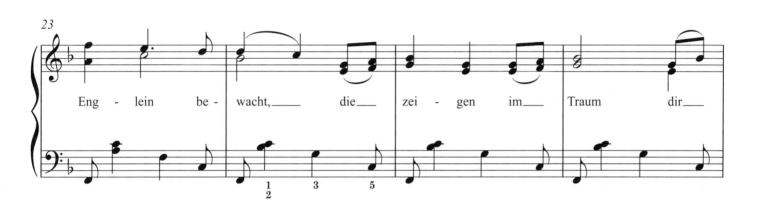

wacht, die zei - gen im Traum dir Christ - kind - leins

Baum: Schlaf nun se - lig und süß, schau im Traum s'Pa - ra - dies,

schlaf nun se - lig und süß, schau im Traum s'Pa - ra - dies.

53 622

Der Schwan

The Swan / Le Cygne

Camille Saint-Saëns
(1835-1921)
Arr.: Hans-Günter Heumann

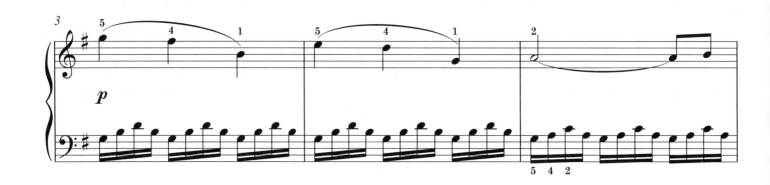

aus / from / de: Karneval der Tiere / The Carnival of the Animals / Le Carnaval des Animaux

53 622

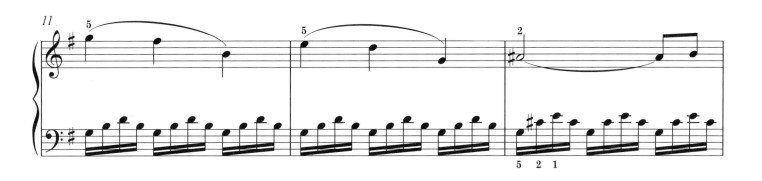

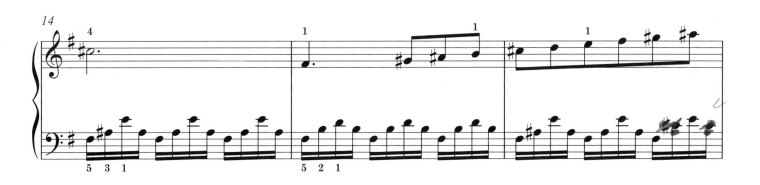

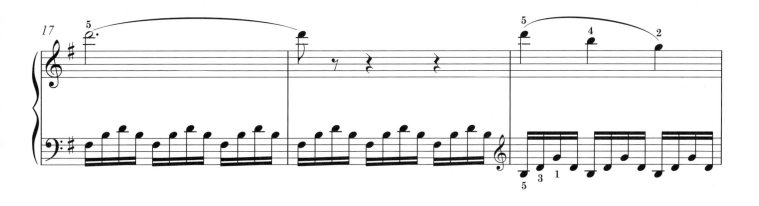

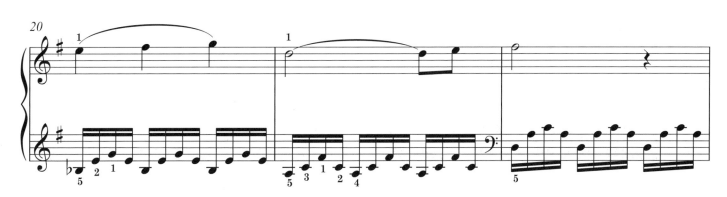

Blumenwalzer
Waltz of the Flowers / Valse des Fleurs

Peter Iljitsch Tschaikowsky
(1840-1893)
Arr.: Hans-Günter Heumann

Tempo di Valse ♩. = 63

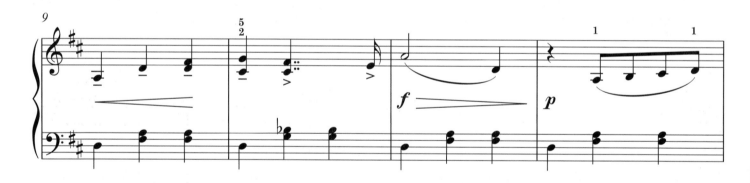

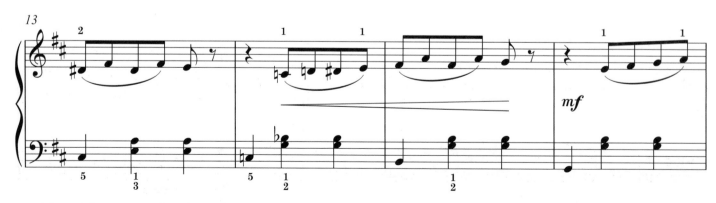

aus / from / de: Der Nussknacker / The Nutcracker / Casse-Noisette

53 622

Sinfonie Nr. 6

Symphony N° 6 / Symphonie N° 6
h-Moll, 1. Satz / B minor, 1st movement / Si mineur, 1er mouvement
Op. 74

Peter Iljitsch Tschaikowsky
(1840-1893)
Arr.: Hans-Günter Heumann

*) 1. Satz, 2. Thema / 1st movement, 2nd theme / 1re mouvement, 2e thème

53 622

Schwanensee

Swan Lake / Le Lac des Cygnes
Thema aus dem Ballett / Theme from the Ballet / Thème du Ballet
Op. 20

Peter Iljitsch Tschaikowsky
(1840-1893)
Arr.: Hans-Günter Heumann

Andante espressivo ♩ = 80

53 622

Sinfonie „Aus der Neuen Welt"

"Symphony from the New World" / « Symphonie du Nouveau Monde »

e-Moll, 2. Satz / E minor, 2nd movement / Mi mineur, 2e mouvement

Op. 95

Antonín Dvořák
(1841-1904)
Arr.: Hans-Günter Heumann

Humoreske

Humoresque
Op. 101/7

Antonín Dvořák
(1841-1904)
Arr.: Hans-Günter Heumann

Poco lento e grazioso ♩ = 108

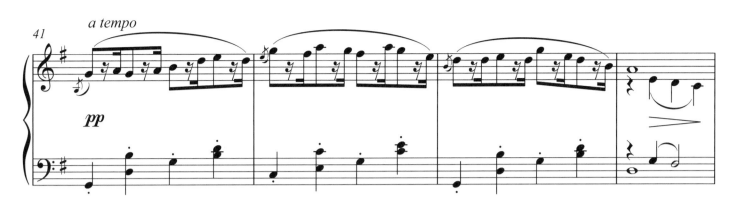

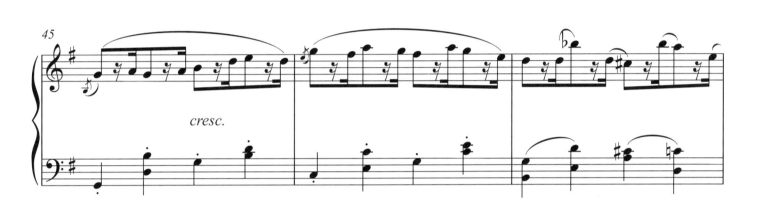

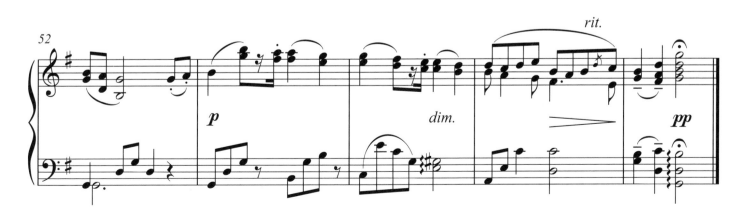

Morgenstimmung

Morning Mood / Au Matin

Edvard Grieg
(1843-1907)
Arr.: Hans-Günter Heumann

aus / from / de: Peer-Gynt-Suite N° 1 Op. 46

53 622

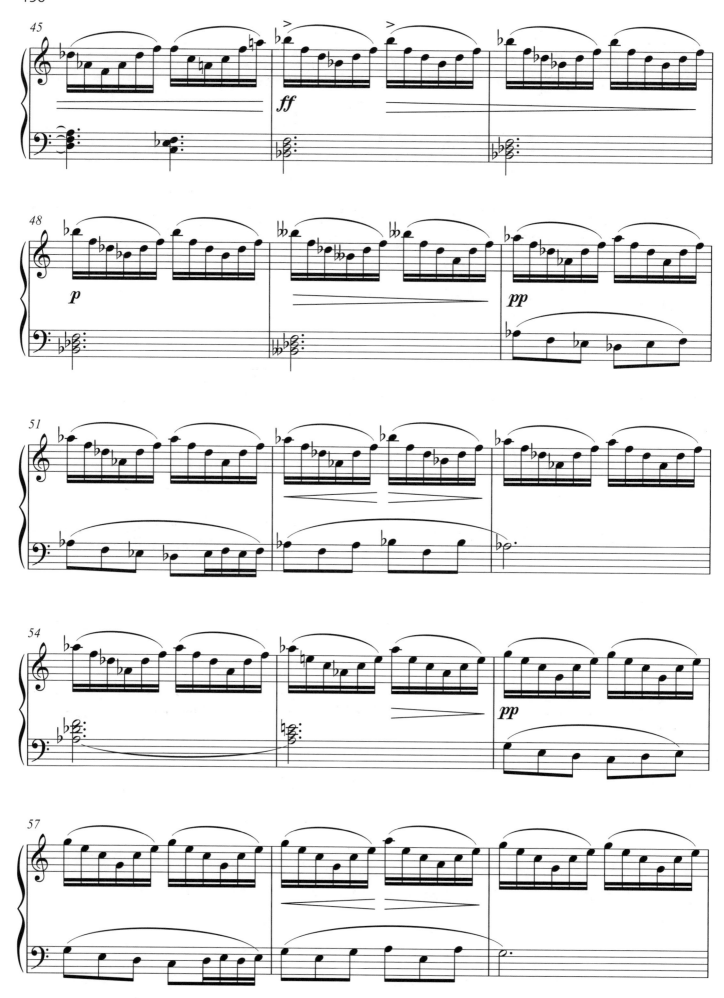

Solveigs Lied

Solveig's Song / La Chanson de Solveig

Edvard Grieg
(1843-1907)
Arr.: Hans-Günter Heumann

aus / from / de: Peer Gynt-Suite Nº 2 Op. 55

53 622

Pavane
Op. 50

Gabriel Fauré
(1845-1924)
Arr.: Hans-Günter Heumann

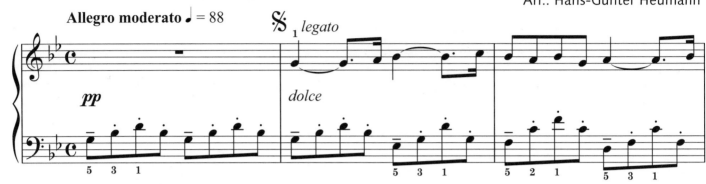

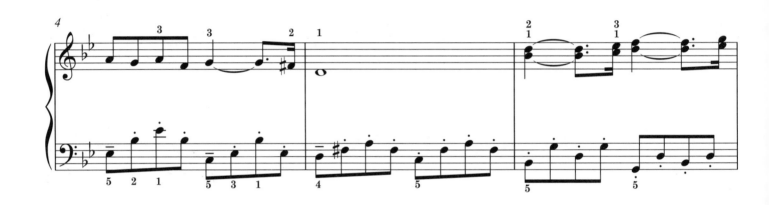

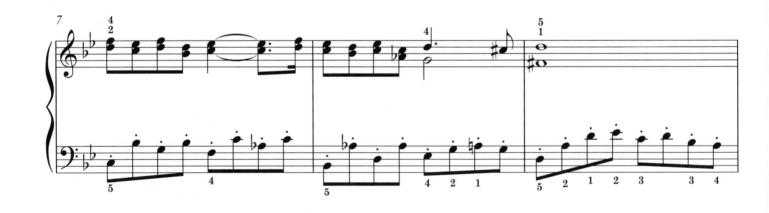

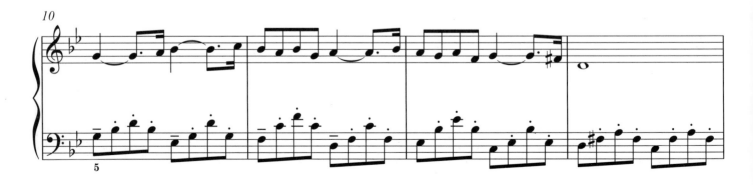

53 622

Poème
Op. 41/6

Zdeněk Fibich
(1850-1900)
Arr.: Hans-Günter Heumann

aus / from / de: Ein Sommerabend / A Summer's Night / Un Soir d'Été

53 622

Land of Hope and Glory

Edward Elgar
(1857-1934)
Arr.: Hans-Günter Heumann

aus / from / de: Pomp and Circumstance Op. 39/1

53 622

53 622

Adagietto

Gustav Mahler
(1860-1911)
Arr.: Hans-Günter Heumann

aus / from / de: 5. Sinfonie cis-Moll, 4. Satz / Symphony N° 5 C♯ minor, 4th movement /
Symphonie N° 5 Ut dièse mineur, 4e mouvement

53 622

Bolero

Maurice Ravel
(1875–1937)
Arr.: Uwe Korn

Tempo di Bolero moderato assai ♩ = 72

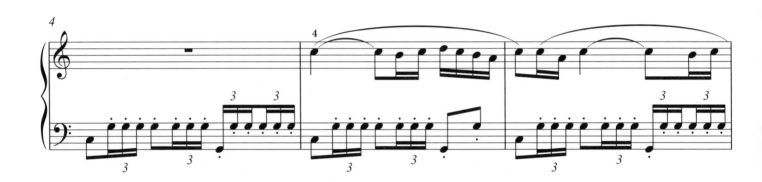

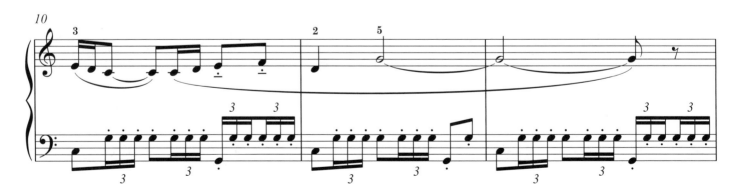

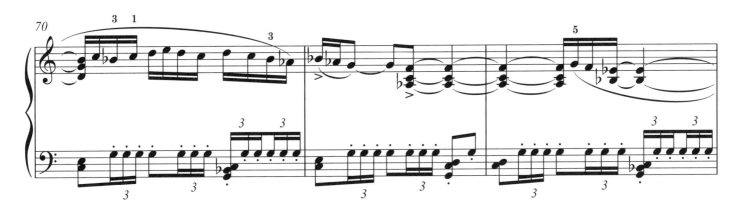

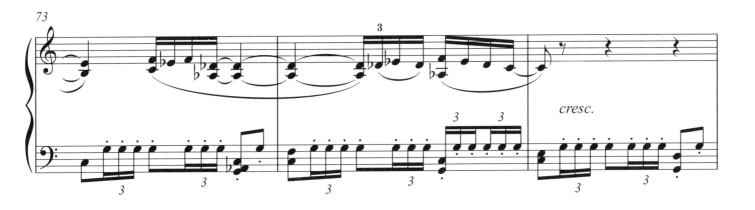

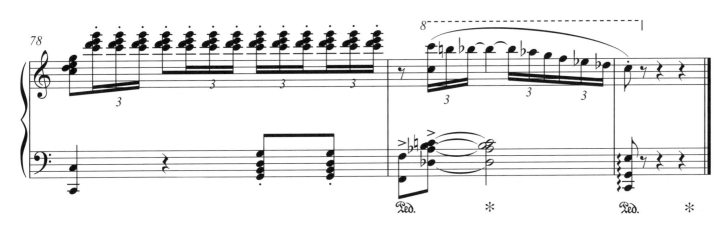

Pavane
pour une infante défunte

Maurice Ravel
(1875-1937)
Arr.: Hans-Günter Heumann

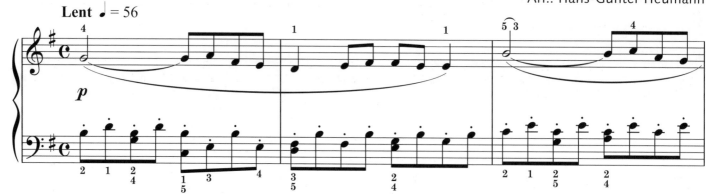

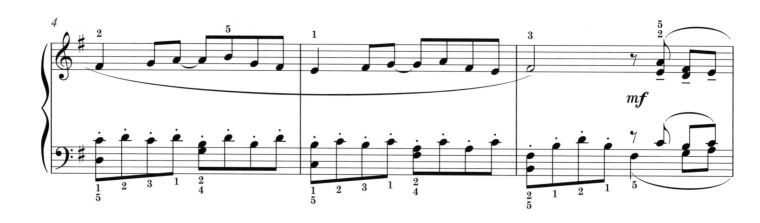

53 622

O Fortuna

Carl Orff
(1895-1982)
Arr.: Hans-Günter Heumann

aus / from / de: Carmina Burana

53 622

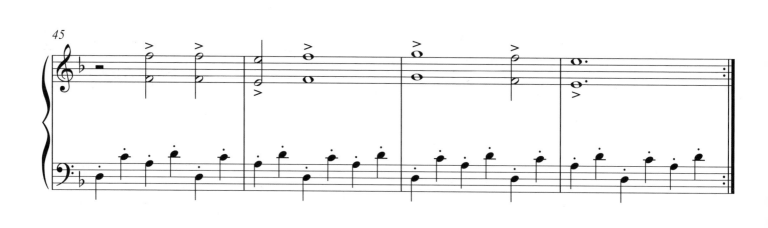

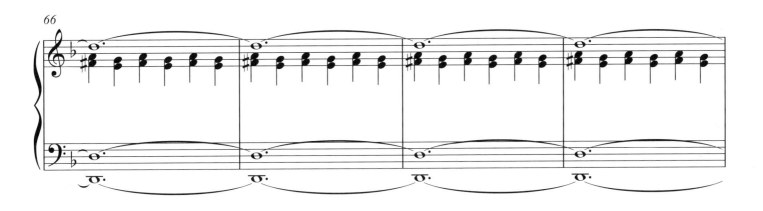

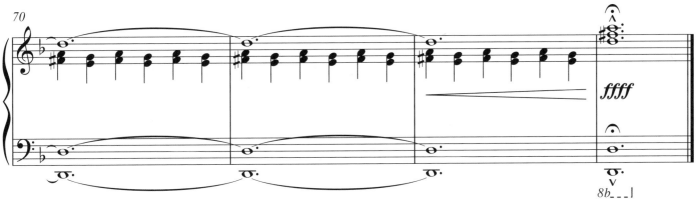

Rhapsody in Blue

George Gershwin
(1898-1937)
Arr.: Hans-Günter Heumann

53 622

Moderato assai

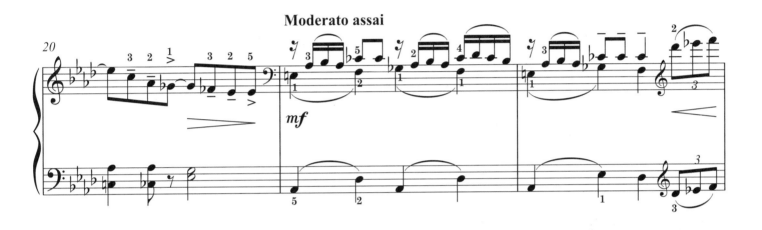

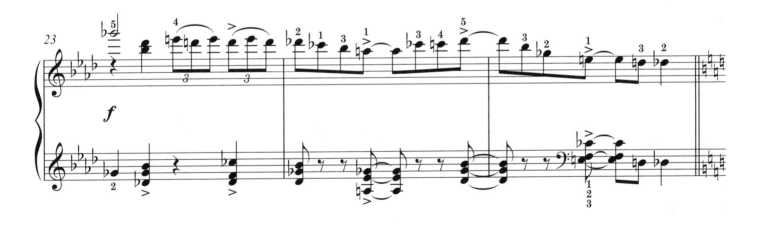

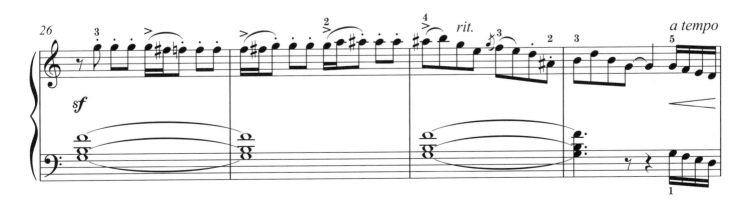

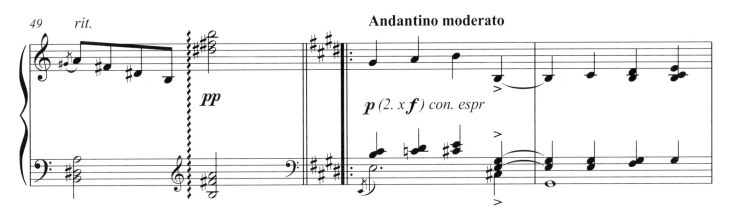

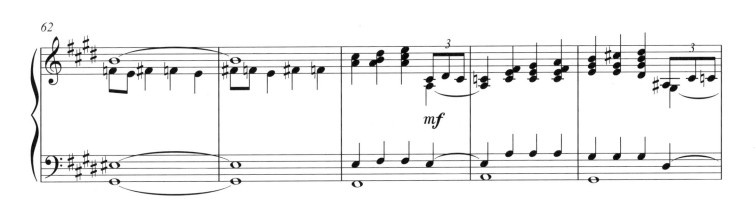

53 622

Molto allargando